2

Fächerübergreifendes themenorientiertes Gestalten im Zusammenspiel von Musik, Kunst und Bewegung

Werner Beidinger, Ulrike Meyerholz
und Henriette Schütte

VERLAG MORITZ DIESTERWEG
Frankfurt am Main

Als Begleitmaterialien sind erhältlich:
ein Kommentarband „Funkelsteine 2/3" für Lehrerinnen und Lehrer (Bestell -Nr. 9939) und
eine Doppel-CD „Funkelsteine 2/3" mit Hörbeispielen (Bestell -Nr. 9941).

In einigen Kapiteln dieses Heftes sind auch Inhalte aus dem „Bausteine Lesebuch 2" (Verlag Moritz Diesterweg) enthalten. Die „Funkelstein"-Vignette zeigt an den betreffenden Stellen, dass im Lesebuch weitere Texte zum Thema zu finden sind.

FUNKELSTEINE 2	BAUSTEINE LESEBUCH 2
S. 8	S. 12
S. 42	S. 150
S. 51	S. 102
S. 57	S. 28
S. 62	S. 107, 110f.

Verweis auf die Tonspur-Nummer der CD „Funkelsteine 2"

Text- und Notennachweis: S. 8f.: © Verlag Moritz Diesterweg, aus: Bausteine Lesebuch 2; S. 16: © Trio Kunterbunt, aus: Marzipan beim Fahrrad fahr'n; S. 21: © Robert Metcalf; S. 22: © Robert Metcalf, aus einem Musiktheaterstück für Kinder von Jutta Kausch und Robert Metcalf; S. 24f.: © Robert Metcalf, aus: Fitti Fits gesunde Hits, erschienen bei der Hamburg Münchener Krankenkasse; S. 28: © Patmos Verlag, aus: Dorothée Kreusch-Jakob, Lieder aus der Stille; S. 34: © Trio Kunterbunt, aus: Sternenfänger; S. 55: © Lied der Zeit, aus: Gerhard Schöne, Lieder aus dem Kinderland, erschienen bei Polydor; S. 62: © Schott & Co. Ltd., London, aus: Carl Orff/Gunild Keetman, Musik für Kinder; S. 63: © Beltz Verlag, aus: Josef Guggenmos, Ich will dir was verraten; S. 67: © Fidula, aus: Wolfgang Spode, Der Ohrwurm; S. 76: © Gertraud Middelhauve Verlag, aus: Helme Heine, Fantadu; S. 79: © Robert Metcalf, aus: Hering/Meyerholz, Kinderlieder zum Einsteigen und Abfahren 2, erschienen bei Voggenreiter; S. 87: © Verlag Sauerländer, aus: Irina Korschunow, Ich weiß doch, dass ihr da seid!

Bildnachweis: S. 15: Fotos mit freundlicher Genehmigung von STUDIO 49, Musikinstrumentenbau; S. 22f. und 62: © Ravensburger Buchverlag 1991, aus: Ute & Tilman Michalski, Werkbuch Papier; S. 26: foto-present/Klijn, Essen; S. 27: foto-present/Stark, Essen; S. 29: Foto: Ulrike Meyerholz; S. 31: Fotos: Manfred Jung; S. 43 o. und u.: ZEFA/Jaensen, Düsseldorf; S. 69: Fotos: Ulrike Meyerholz; S. 70: © VG Bild-Kunst, Bonn 1997; S. 72: © Succession Picasso/VG Bild-Kunst, Bonn 1997; S. 74: © VG Bild-Kunst, Bonn 1997; Foto: Artothek, Peissenberg; S. 76f.: © Gertraud Middelhauve Verlag, aus: Helme Heine, Fantadu.

Originalgrafik: Renate Becker,
              Dagmar Geisler,
              Hildegard Müller,
              Evelin Ostermann,
              Henriette Schütte und
              Julia Wittkamp.

ISBN 3-425-02958-4

© 1997 Verlag Moritz Diesterweg GmbH & Co., Frankfurt am Main.
Alle Rechte vorbehalten. Das Werk und seine Teile sind urheberrechtlich geschützt.
Alle Textfassungen, Lieder, instrumentale Kompositionen und Arrangements sind, soweit kein anders lautender Rechtevermerk angegeben ist, Eigentum des Verlages Moritz Diesterweg.
Jede Verwertung in anderen als den gesetzlich zugelassenen Fällen bedarf deshalb der vorherigen schriftlichen Einwilligung des Verlages.

Layout: Grafik-Design Reckels & Schneider-Reckels, Wiesbaden

Text- und Notensatz, Reproduktionen: prima nota, Notengraphik & Verlagsservice GmbH, Korbach

Umschlaggestaltung: Grafik-Design Reckels & Schneider-Reckels, Wiesbaden, unter Verwendung einer Illustration von Dagmar Geisler

Druck- und Bindearbeiten: Druckhaus Kaufmann, Lahr

INHALT

 Pause 4

 Zeit 10

 Anders sein 19

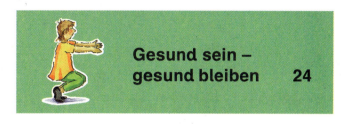 Gesund sein – gesund bleiben 24

 Wetter 33

 Tiere 44

 Erfindungen 51

 Frühling 60

 Bilder 70

 Mein und Dein 76

 Hexen und Gespenster 81

Anhang 88

PAUSE

Das Schönste an der Schule sind die Pausen.
Da gibt es viele Pausengeschichten.

1 Male selbst welche!

2 Hast du eine Idee,
wie man aus vielen Geschichten eine machen kann?

Mit Fingerpuppen kannst du Pause spielen!

Du brauchst:

- Holzrohlinge für den Körper (die bekommt ihr vorgefertigt im Bastelgeschäft)
- Stoffreste für die Kleidung
- Wollreste für die Haare (alles an den Körper kleben)

Wolle kleben

Stoff kleben

- Filzstifte zum Bemalen der Gesichter

Augen, Nase, Mund malen

Pause

Das Pausenlied

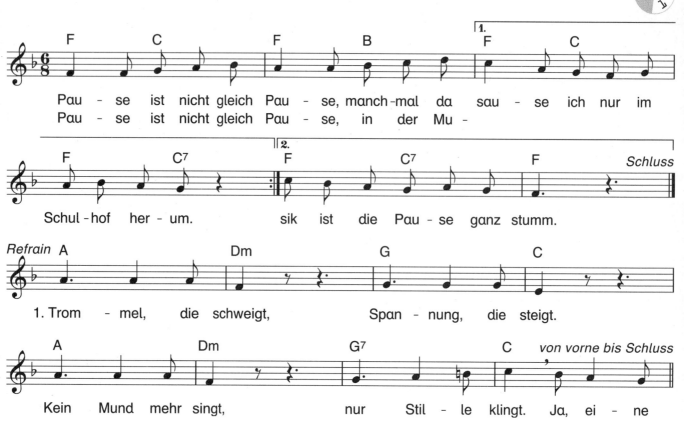

2. Nichts ist zu hör'n, Töne, die stör'n.
   Pausengenuss, doch jetzt ist Schluss: Ja, eine ...

Musik und Text: Werner Beidinger.
© beim Autor.

In der Schule gibt es die große und die kleine Pause. Auch in der Musik dauern Pausen unterschiedlich lang. Es gibt die Viertelpause (𝄽) und die kürzere Achtelpause (𝄾).
Die Viertelpause ist also unsere „große Pause": Da hat man doppelt so viel Zeit zum (nicht) Spielen!

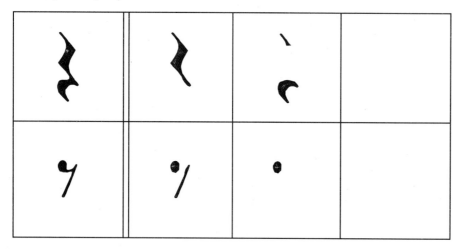

Schreibe die Pausen fertig. Im letzten Kästchen probiere es ganz alleine.

Phrase Craze: Musik mit Löchern

Auf der „Funkelsteine"-CD gibt es eine Pausenmusik.

1 Geht dazu spazieren und horcht, wann die Pause kommt.
Ihr könnt verschiedene Verabredungen treffen, was in der Pause geschehen soll, zum Beispiel:

1. versteinern

2. viermal in die Hände klatschen

3. einem Mitschüler in die Hände klatschen

2 Was hast du für eine Idee?

7

Pause

In der Pause steckt Musik

Auf der Seite 6 hast du das Zeichen für die Viertelpause und die Achtelpause kennen gelernt. Wenn es aber nicht still sein soll, dann schreiben wir Noten statt Pausen. Auch da gibt es verschiedene. Manche klingen länger, andere sind nur kurz zu hören.

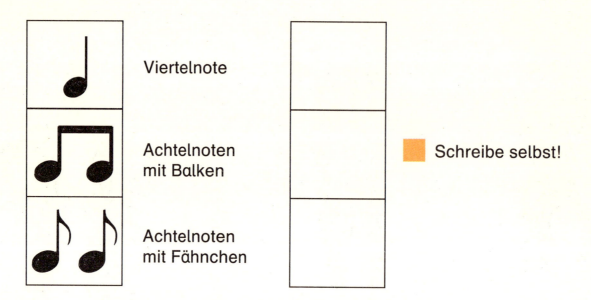

Zwei Achtelnoten brauchen dieselbe Zeit wie eine Viertelnote.
Zwei kleine Pausen dauern demnach so lange wie eine große.
Merk dir das für den Text „Große Pause".

Große Pause

Zum Einsteigen:

1 Sprecht ganz gleichmäßig, wie ein Roboter:

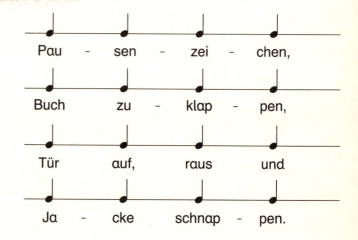

Pau – sen – zei – chen,
Buch zu – klap – pen,
Tür auf, raus und
Ja – cke schnap – pen.

8

Zum Weiterprobieren:

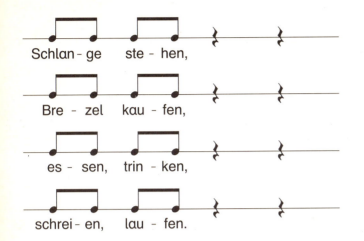

Jetzt hat das Pausengedicht auch musikalische Pausen.

2 Sprecht schnell und deutlich! Bei den Pausen könnt ihr in die Hände klatschen oder auf den Tisch trommeln.

Ganz schön schwierig:

Oh weh! Jetzt sind die Pausen überall verstreut!

3 Wer spricht diese Strophe? Vergiss das Klatschen nicht!

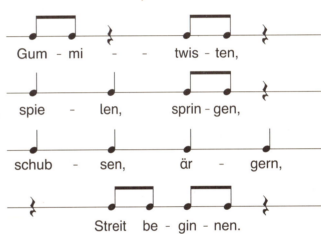

_____

_____

_____

Selbst gemacht:

4 Such dir eine andere Strophe und schreibe sie unter die Linien. Mit Noten darüber kannst du bestimmen, ob kurz oder lang gesprochen wird und wo es Pausen gibt.

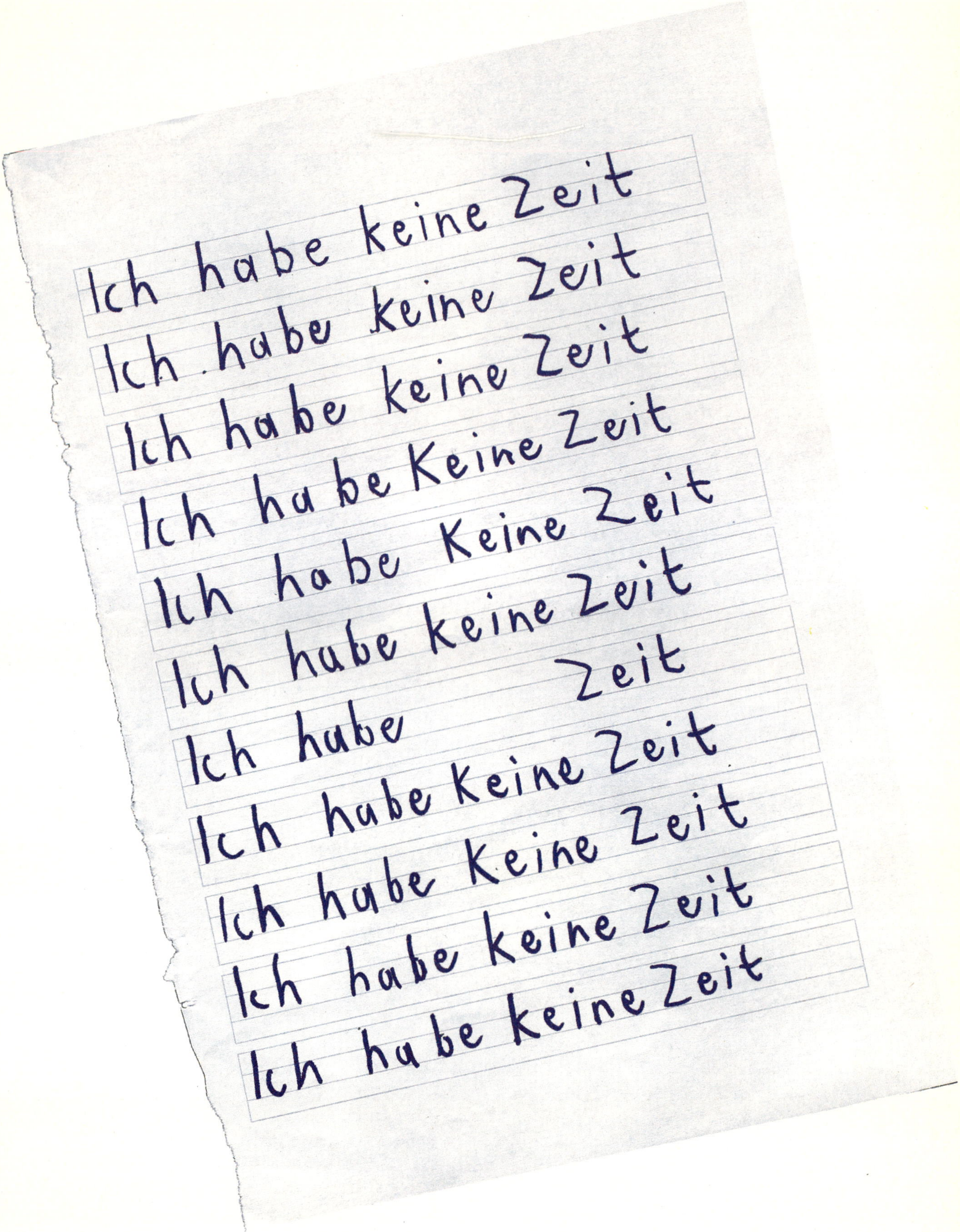

ZEIT

Ich habe keine Zeit
Ich habe keine Zeit
Ich habe keine Zeit
Ich habe keine Zeit
Ich habe Keine Zeit
Ich habe Keine Zeit
Ich habe keine Zeit
Ich habe keine Zeit
Ich habe   Zeit
Ich habe Keine Zeit
Ich habe Keine Zeit
Ich habe Keine Zeit
Ich habe keine Zeit
Ich habe keine Zeit

Ich bin die Uhr

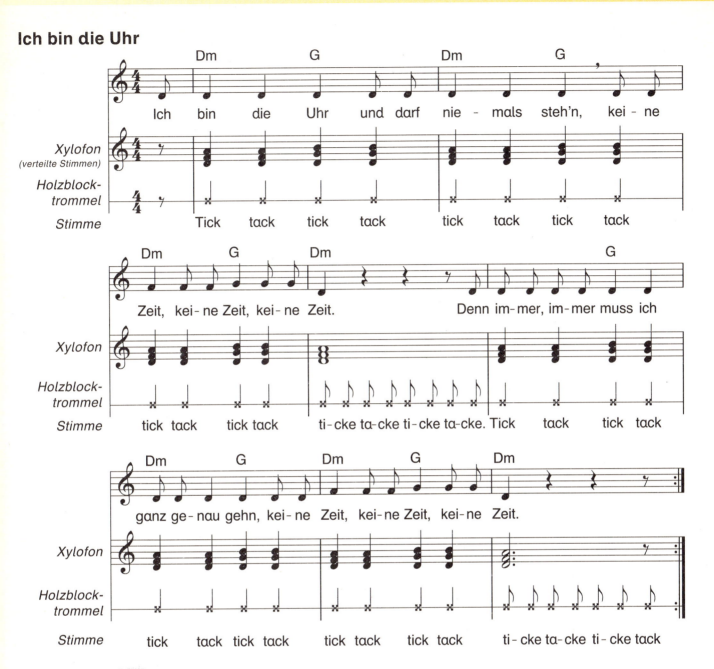

2. Die Feder hetzt mich so schnell sie kann,
keine Zeit, keine Zeit, keine Zeit.
Und immer, immer treibt sie weiter voran,
keine Zeit, keine Zeit, keine Zeit.

Das „Zeitorchester" wird langsamer, das Ticken hört auf:

3. Ich bin ein Fels und muss immer stehn.
Hab' viel Zeit, hab' viel Zeit, hab' viel Zeit.
Sah tausende von Jahren vorüber gehn.
Hab' viel Zeit, hab' viel Zeit, hab' viel Zeit.

Musik und Text: Ulrike Meyerholz.
© bei der Autorin.

Zeit

Im Uhrenladen

Überall sind Uhren zu sehen: in den Regalen und auch an der Wand.

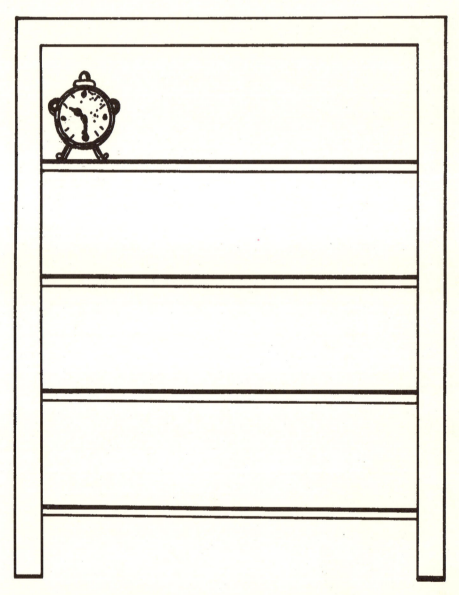

Bestimmt hast du schon viele verschiedene Uhren in Geschäften gesehen.
Male einige Wanduhren und viele Uhren, die im Regal stehen.
Du kannst auch Modelle erfinden, die es gar nicht gibt.

12

Und diese Uhr wünsche ich mir:

Zeit

Mit der Zeit spielen

Denkt euch Bewegungen aus, die ihr zuerst in Zeitlupe und dann im Zeitraffer darstellt.

Besonders interessant wird es, wenn ihr Zeitlupen- und Zeitraffer-Musik dazu spielt.

Zur Zeitlupen-Musik passen
lang klingende Instrumente:

Triangel

Klangbausteine

*Becken
mit Schlägel und Besen*

Glockenspiel

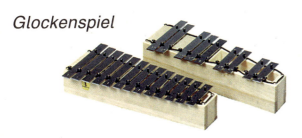

Zur Zeitraffer-Musik passen
kurz klingende Instrumente:

Bass-Klangbausteine

Maracas

Klanghölzer

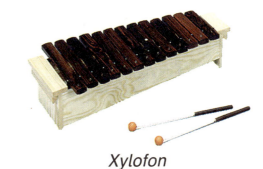

Xylofon

Holzblock-Trommel

Guiro

15

Zeit

Alle Uhren bleiben steh'n

Stellt euch vor, alle Uhren bleiben steh'n.
Die Zeiger können sich nicht weiterdreh'n,
kein Piepsen mehr, alle Zahlen halten an,
was so gegen zwölf Uhr drei passieren kann.

Die Schule geht und geht nicht aus,
dabei woll'n alle doch nach Haus,
keine Klingel, es bleibt zwölf Uhr drei,
der Schuldirektor wird verrückt dabei.

Text: Trio Kunterbunt.
© Meyerholz/Hering/Hering.

1 Hört euch das ganze Lied an.

2 Erzähle mit eigenen Worten, was in dem Lied passiert.

3 Was kann noch alles geschehen, wenn die Uhr stehen bleibt?

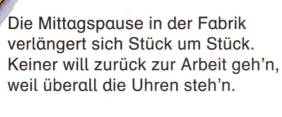

Die Mittagspause in der Fabrik
verlängert sich Stück um Stück.
Keiner will zurück zur Arbeit geh'n,
weil überall die Uhren steh'n.

Stellt euch vor, alle Uhren bleiben steh'n ...

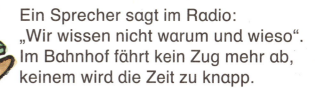

Ein Sprecher sagt im Radio:
„Wir wissen nicht warum und wieso".
Im Bahnhof fährt kein Zug mehr ab,
keinem wird die Zeit zu knapp.

Niemand ist mehr abgehetzt,
Zeit – hat jeder jetzt,
doch keiner weiß, wie's weitergeht,
wenn selbst die Uhr am Bahnhof steht.

Stellt euch vor, alle Uhren bleiben steh'n ...

 **Zeit**

Kinder sagen:

ANDERS SEIN

Daniel, 8 Jahre

Dieses Bild ist aus Zeitungsschnipseln entstanden. Mit einem Partner kannst du auf einem DIN-A3-Blatt ein ähnliches Paar gestalten:

1. Zeitungspapier mit Wasserfarben einfärben,
2. in Schnipsel reißen und eine Figur daraus kleben.

Jede Figur ist anders, aber zusammen sind sie ein Paar.
Es können auch alle gemeinsam ein Bild zusammenstellen, wenn die Bilder aus der Klasse nebeneinander aufgehängt werden.

Anders sein

Von einer besonderen Begegnung erzählt Robert Metcalf in seinem Lied „Pinguin". Hört ihm gut zu!

Wenn ihr euch einen Pinguin basteln wollt,
braucht ihr:
- eine Käseschachtel
- eine große Murmel
- ein Stück Pappe
- Klebstoff und eine Schere.

Pinguin

Es stand einmal ein kleiner Pinguin
vor unserer Haustür in Berlin.
Es war im Januar
und er stand ganz einfach da
und fragte: „Woll'n wir beide Freunde sein?"

Er hat mir bald das Watscheln beigebracht,
darüber hab'n wir stundenlang gelacht.
Dann hab' ich ihm gezeigt,
wie man auf ein Fahrrad steigt
und wir flitzten um den Häuserblock zu zwei'n.

Pinguin, Pinguin, Pingu-ingu-ingu-inguin.
Pinguin, Pinguin, Pingu-ingu-ingu-inguin.

Er schlief im Kühlschrank im Tiefkühlfach.
„Ganz oben", wie er sagte, „unterm Dach."
Ich hab' oft reingeschaut
und ich kriegte Gänsehaut.
Aber es sah ganz gemütlich aus da drin.

Im Schnee ist er 'mal auf dem Bauch geglitten
und ich ihm hinterher auf meinem Schlitten.
Und ich hab' oft gedacht
an eine schöne Schneeballschlacht,
doch ohne Hände kriegt er das nicht hin.

Pinguin, Pinguin, Pingu-ingu-ingu-inguin.
Pinguin, Pinguin, Pingu-ingu-ingu-inguin.

Es war ein ziemlich warmer Frühlingstag.
Ich wusste damals nicht, woran das lag.
Doch auf einmal war er weg,
und suchen hatte keinen Zweck,
denn er wollte offensichtlich weiterzieh'n.

Zwei Wochen hat's gedauert und dann kam
von ganz weit weg dieses Telegramm:
„Es war zu warm für mich. Ich denke oft an dich.
Lieben Gruß von deinem Pinguin."

Pinguin, Pinguin, Pingu-ingu-ingu-inguin.
Pinguin, Pinguin, Pingu-ingu-ingu-inguin.

Text: Robert Metcalf.
© beim Autor.

Anders sein

Anders als du

Ich bin anders als
   Du bist anders als
      Er ist anders als
         Sie.
Sie ist anders als
   Er ist anders als
      Du bist anders als
         Ich.

Wir, wir,
   Wir sind anders als
      Ihr, ihr,
         Ihr seid anders als
           Wir …
… na und?
Das macht das Leben
eben bunt!

Robert Metcalf. © beim Autor.

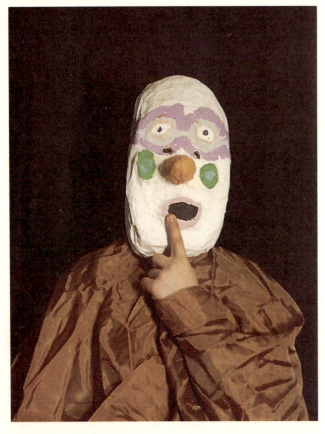

Ich bin anders als … ich!

Mit Masken aus …

Dieses Gedicht kann ...

    leise oder laut,
        von einem oder von vielen,
           abwechselnd und
                mit verteilten Rollen

                    ... gesprochen werden!

Es kann ...

■ Überlegt euch weitere Möglichkeiten.

... Pappmachee.

Fotos: © Ravensburger Buchverlag 1991.

23

GESUND SEIN – GESUND BLEIBEN

... mit dem Quark vom Hausmeister Stark

Ich bin Hausmeister Stark,
berühmt für meinen Quark
und allerlei Gaumenfreuden:
frische Milchprodukte,
Vollkornbrot und Früchte,
'ne Reihe von verschiedenen Kräutern.

Der Mensch braucht jeden Morgen etwas im Bauch.
Es soll gesund sein, das ist klar,
und gut schmecken soll's natürlich auch,
zum Beispiel:

Schöne Apfelsinen,
voll mit Vitaminen,
Müsli, Joghurt mit Honig.
Hier – Orangensaft,
enthält 'ne Menge Kraft!
Du frühstückst hier wie ein König!

Und mein Bananenquark – das ist der Hit.
Das ist von mir, wenn ich es sagen darf,
eine echte Spezialität!

gesprochen:
Hausmeister Stark empfiehlt:
   Iss mäßig aber regelmäßig!
Hausmeister Stark empfiehlt:
   Iss langsam! Nicht hetzen, genießen!
Hausmeister Stark empfiehlt:
   Iss im Sitzen, nicht beim Flitzen!
Hausmeister Stark empfiehlt:
   Nicht essen und gleichzeitig pfeifen!

Und auch das ist wichtig:
Das Auge isst bekanntlich mit.
Ich sorg' dafür, dass alles schön aussieht,
und wünsche allen guten Appetit.

Text: Robert Metcalf.
© beim Autor.

1 Hört euch das Lied vom „Hausmeister Stark" auf der CD an.

2 Habt ihr auch einen Hausmeister Stark an eurer Schule?

3 Was isst du in der Pause?

Gesund sein – gesund bleiben

... mit viel Bewegung

Zum Bewegen braucht man aber Platz.
Den findet ihr eher draußen.
Im Klassenzimmer könnt ihr euch Platz verschaffen,
indem ihr Tische und Stühle beiseite rückt.

■ Denkt euch Bewegungsspiele aus, die viel Schwung haben, aber im Klassenraum möglich sind.

*Lese-Unterricht
in Tansania.*

Hier ein Bewegungslied aus Tansania (Afrika):

Simama kaa

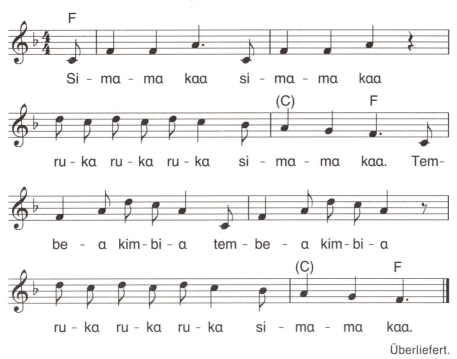

Überliefert.

Dieses Lied hat es in sich!
Wenn ihr tut, was es sagt,
werdet ihr ganz schön
aus der Puste kommen:

simama heißt „stehen"
kaa heißt „sitzen"
ruka heißt „hüpfen"
tembea heißt „gehen"
kimbia heißt „rennen"

27

Gesund sein – gesund bleiben

... mit leisen Tönen

Bin ganz Ohr

Refrain
Bin ganz Ohr und bin ganz still, weil ich die Stil-le hö-ren will.

1. Hör das Mur-meln in dem Bach, schau den Blät-ter-schiff-chen nach.

Bin ganz Ohr ...

2. Hör das Flüstern in den Zweigen,
   Mücken tanzen ihren Reigen.

Bin ganz Ohr ...

3. Hör den Wind durch Gräser weh'n,
   kann die Wolken ziehen seh'n.

Bin ganz Ohr ...

4. Trauerweide wäscht ihr Haar,
   erzählt dem See, wie's damals war.

Bin ganz Ohr ...

5. Ins stille Wasser fällt ein Stein
   und zaubert Ring für Ring hinein.

Musik und Text: Dorothée Kreusch-Jacob
© Patmos Verlag, Düsseldorf

1 Sucht euch Instrumente aus, mit denen ihr leise Töne machen könnt.
Die Töne *E, G, H* von Stabspielen, Gitarre, Klavier, Blockflöte und anderen passen gut zu dem Lied und zu euren leisen Tönen.

2 Wenn ihr euch das Lied auf der „Funkelsteine"-CD anhört, könnt ihr dazu einen Bach malen, der sich durch euer Klassenzimmer schlängelt.

Gesund sein – gesund bleiben

Mit den Ohren sehen? Ein Spaziergang mit Hindernissen

Jeder Mitspieler steht mit einem Instrument auf einem Platz im Raum. Einer geht mit verbundenen Augen umher. Immer wenn der „Blinde" einem Mitspieler zu nahe kommt, wird er durch das Instrument gewarnt. So stößt er nicht mit anderen zusammen.

30

Ein Spaziergang durch eine Ess-Landschaft

So kannst du eine Ess-Landschaft auf der nächsten Seite gestalten:

■ Schneide aus Zeitschriften Bilder von Esswaren sorgfältig heraus.

Klebe aus diesen Bildern eine Ess-Landschaft zusammen.

31

Gesund sein – gesund bleiben

■ Mit Farbstiften kannst du auch Teile der Landschaft dazumalen oder die Formen weitermalen.

32

WETTER

Die Wetterkarte

Mit Farben kann man zeigen, welche Wetter es gibt.

Male die Flächen auf der Wetterkarte so aus, dass man die verschiedenen Wetter erkennen kann.

33

Wetter

Der Wettermacher

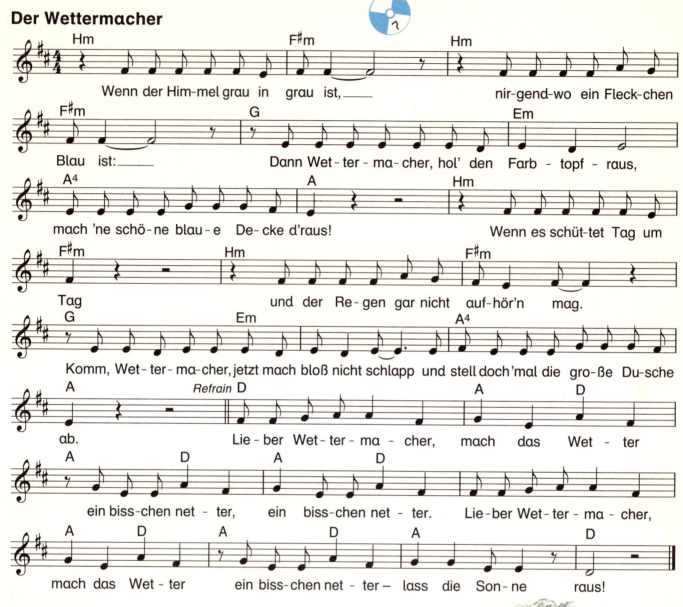

Wenn der Spielplatz draußen leer ist,
ein Sonnentag schon lange her ist,
ja Wettermacher, was machst du bloß,
du weißt doch, wir sind hier nicht bei den Eskimos.
Wenn der Wind nur noch von Norden weht,
sich um die verschnupften Nasen dreht,
hey Wettermacher, schick uns, das wär' schön,
ein bisschen warme Luft aus deinem Föhn. *(Refrain)*

Wenn es blitzt und donnert wie verrückt,
mancher sich vor Angst ins Bett verdrückt,
ach Wettermacher, bitte, bitte mach
nicht so einen Wahnsinnskrach.
Schmeiß die Sonnenscheinwerfer an!
Dreh' die Heizung auf – oh Mann oh Mann –
und mach' doch endlich deinen großen Kühlschrank aus.
Wir hol'n schon mal die Sonnenbrillen raus. *(Refrain)*

Lass die Sonne, lass die Sonne, lass die Sonne raus!

Musik und Text: Trio Kunterbunt.
© Meyerholz/Hering/Hering.

Ihr könnt selber Wettermacher spielen:

Malt graue Wolken, Blitz und Regen auf Karton. Nach dem Ausschneiden und Befestigen am Holzstäbchen kann's losgehn:

Wenn der Himmel grau in grau ist ...

... 'ne schöne blaue Decke draus!

... lass die Sonne raus!

 **Wetter**

Regenmännchen und Blumenfräulein können nie zusammenkommen.

▪ Geht zu zweit zusammen und spielt Regenmännchen und Blumenfräulein:
Jeder stellt sich zweimal zur Musik vor und geht wieder zurück an seinen Platz.

Es sei denn ...

... ein Rädchen vom Wetterhäuschen geht kaputt und die beiden können endlich zusammen tanzen.

Wetter

Tausend Regentropfen

Tau-send Re-gen-trop-fen an mein Fens-ter klop-fen. In den Re-gen-pfüt-zen tan-zen sie und sprit-zen. Re-gen-trop-fen dich-ten manch-mal auch Ge-schich-ten und er-zäh-len ei-nen Witz!

Musik und Text: Werner Beidinger.
© beim Autor.

Wetter

Immer ein anderes Wetter

Die Vogelscheuche

1.–4. Es steht die Vo-gel-scheu-che auf dem Fel-de Tag und Nacht. Bei je-dem Wet-ter starr und stumm und hält dort ih-re Wacht.

1. Im Früh-ling, meis-tens im A-pril, macht's Wet-ter, was es will.
2. Im Som-mer brennt die Son-ne heiß, da tropft vom Hut der Schweiß.
3. Im Herbst, das weiß ein je-des Kind, weht oft ein kal-ter Wind.
4. Im Win-ter dann bei Schnee und Eis, da zit-tert sie in Weiß.

Musik, Text und Satz: Werner Beidinger.
© beim Autor.

Die Landschaft verändert sich bei jedem Wetter:
Sonne, Regen, Sturm, Schnee …

Was für ein Wetter fällt dir noch ein? Male es!

40

Begleitstimmen

zum Teil A

Bass- oder Alt-Xylofon

Sopran-Xylofon oder Alt-Glockenspiel und Flöte

zum Teil B

Alt- oder Sopran-Xylofon

Wetter

Wenn sich ein richtiges Gewitter-Unwetter ankündigt, kann man schon ganz schön Angst bekommen.

Bei dem **Gewitterspiel** habt ihr nichts zu befürchten:

In der Mitte des Stuhlkreises steht der „Gewitterdirigent". Er dreht sich um sich selbst und zeigt nacheinander jedem Kind, was zu tun ist.

Ganz wichtig ist die Ruhe vor dem Sturm.
Nacheinander
- reiben alle leise ihre Hände,
- schnipsen alle mit den Fingern,
- patschen alle auf die Oberschenkel, und stampfen gleichzeitig wild mit den Füßen,
- patschen alle auf die Unterschenkel,
- schnipsen alle mit den Fingern,
- reiben alle leise ihre Hände,
- sind alle ganz still.

42

Morgenstimmung

Der norwegische Komponist Edvard Grieg hat eine Musik geschrieben, die er „Morgenstimmung" genannt hat.

1 Hört euch auf der „Funkelsteine"-CD diese Musik an und betrachtet dabei die Bilder.

2 Mit Farben kann man auch „Morgenstimmung" ausdrücken. Malt mit Farben und Pinsel auf ein großes Blatt Papier eine „Morgenstimmung". Wichtig: Wählt die richtigen Farben!

43

TIERE

Im Kirchturm

1. Die Uhr schlägt drei: Der Pfarrer eilt herbei: Was ist das für ein Pochen? So klingt's ununterbrochen. Ganz recht, ganz recht, im Kirchturm sitzt ein Specht. Ganz recht ... ganz recht, im Kirchturm sitzt ein Specht.

2. Die Uhr schlägt drei: ... Der Pfarrer eilt herbei: ...
   Was klingt wie eine Säge? Und auch ein bisschen träge?
   Hört her, hört her, im Kirchturm schnarcht ein Bär.

3. Die Uhr schlägt drei: ... Der Pfarrer eilt herbei: ...
   Was hör' ich von den Treppen? Das klingt wie leises Steppen.
   Applaus, Applaus – im Kirchturm tanzt die Maus.

Musik und Text: Werner Beidinger.
© beim Autor.

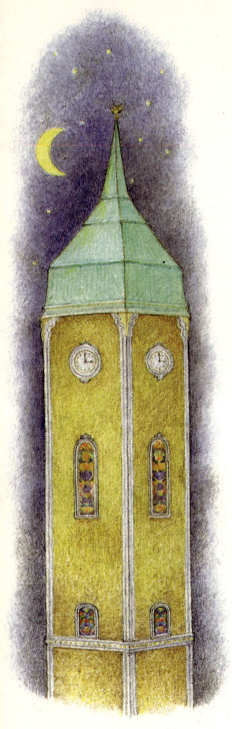

■ Im Kirchturm haben sich Tiere versteckt. Sie werden durch passende Instrumente dargestellt. Suche andere Tiere und erfinde neue Strophen!

Ein Fangspiel: Fuchs und Hase

Der Fuchs versucht den Hasen zu fangen, die anderen Kinder sind Steine.

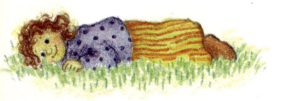

Springt der Hase über einen Stein, hat er sich gerettet und wird selbst zum Stein. Aufgepasst: Der übersprungene Stein ist nun der neue Fuchs und der alte Fuchs muss als neuer Hase davonlaufen.

Viel Spaß!

45

Tiere

Die Geschichte vom Hügelchen

Alle Tiere nennen die Schildkröte „Hügelchen". Da sie seit einigen Tagen Kopf und Beine ganz eingezogen hat, sieht sie auch wie ein richtiger Hügel aus.
Die anderen Tiere machen sich Sorgen und rufen einen Arzt. Er stellt fest: Hügelchen leidet unter Einsamkeit.
Die Tiere wollen helfen und besuchen die Schildkröte im Wald.
Wie aber können sie sich bemerkbar machen? Die Eule hat eine Idee: „Hügelchen hat seinen Kopf unter dem Panzer versteckt.
Also müssen wir unsere Namen darauf klopfen."

Wer spielt die Schildkröte? Und wer klopft an?

46

Der Esel Firlefanz

Ich bin der E-sel Fir-le-fanz und wack-le gern mit mei-nem Schwanz und tritt mir je-mand hin-ten drauf, dann stampf' ich mit den Fü-ßen auf. Doch strei-chelt je-mand mei-nen Bauch, dann sag' ich: mei-nen Rü-cken auch!

Musik und Text: Christiane Tenbusch.

Ein Bewegungsspiel zum Lied:

Es werden Paare gebildet. Mit einem Turnseil bekommt jeweils ein Kind pro Paar einen Eselsschwanz an die Kleidung gesteckt. Zunächst wackelt Firlefanz durch den Raum und das andere Kind versucht ihm auf den Schwanz zu treten. Im zweiten Teil (5/8-Takt) bekommt er den Bauch gestreichelt und bietet an der entsprechenden Textstelle auch seinen Rücken an.

47

Tiere

Peter und der Wolf

Kennst du das Märchen „Peter und der Wolf"?
Der russische Komponist Sergej Prokofjew hat dazu eine wunderschöne Musik geschrieben. Zu Beginn stellt er alle Figuren musikalisch vor:

Mit selbst gemachten Stabfiguren kannst du mit anderen Kindern aus deiner Klasse die Geschichte spielen oder die Darsteller zur Musik bewegen.

Du brauchst:
- festes Papier
- Schere
- Klebstoff
- dünne Holzstäbe (Schaschlik, Reklamefähnchen)

1 Male die kopierten Figuren zuerst aus.
   Dann schneide sie großzügig aus und klebe sie mit dem Holzstab dazwischen auf ein festes Papier.
   Abschließend schneide die Figur noch einmal ganz sorgfältig aus.

2 Wer spielt noch mit?
   Stellt selbst Figuren her!

49

Tiere

Der berühmte Maler Pablo Picasso hat ein Bild von einem Mädchen mit einer Taube gemalt.

Das Mädchen hat das Tier sehr lieb.

■ Male ein Bild von dir und deinem Lieblingstier!

ERFINDUNGEN

Wir spielen Reißverschluss

Die Erfindung des Reißverschlusses könnt ihr nachspielen. Wie auf dem Bild soll die halbe Klasse den Reißverschluss nachbauen. Die andere Hälfte beobachtet das Auf- und Zumachen.

Die Kokosnuss

War - um   nur   hat   die   Kő - kos - nuss
noch   im̋ - mer   kei - nen   Reı̋ß - ver - schluss?
        Kő - kos - nuss,   Reı̋ß - ver - schluss,
die   Scha̋ - le   ist   zu   dick!

Überliefert.

> = Betonungszeichen

Erfindungen

Das kennst du schon!

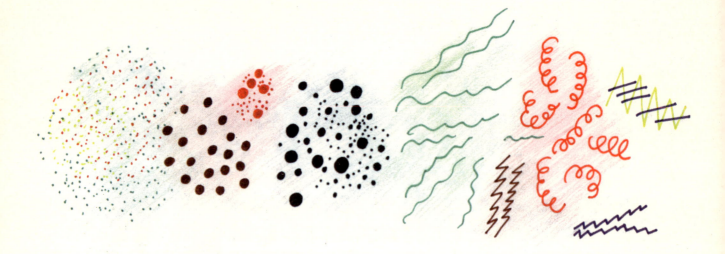

▪ Mit Punkten und Linien erfinde nun Frisuren.

1 Schneide die Puzzle-Teile aus. Erfinde ein Bild, das du auf ein DIN-A4-Blatt klebst. Du kannst dein Bild farbig gestalten, ergänzen und hier einkleben.

2 Hat deine Erfindung auch einen Namen?

53

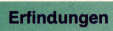

Eine tolle Erfindung: Die Maschine, die alles kann

Der Wumm-Apparat

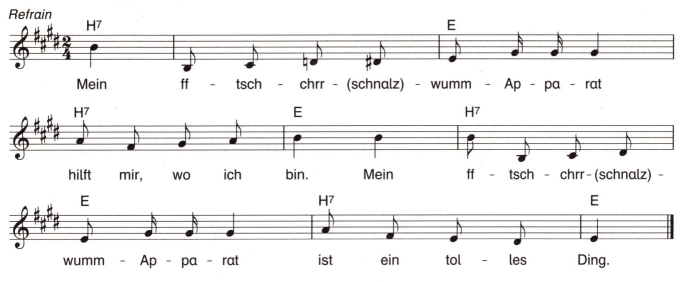

Mein ff - tsch - chrr - (schnalz) - wumm - Ap - pa - rat hilft mir, wo ich bin. Mein ff - tsch - chrr - (schnalz) - wumm - Ap - pa - rat ist ein tol - les Ding.

Musik und Text der 1. Strophe: Gerhard Schöne.
© Lied der Zeit, Hamburg.

1. Ich hab 'nen Apparat gebaut,
   den trag' ich stets bei mir.
   Der macht, was ich mir g'rade wünsch',
   den Namen merke dir.

   Mein …

Wo würde euch diese Maschine helfen?
Würden dir diese Strophen gefallen?

Sind Hausaufgaben angesagt,
wenn Freunde draußen steh'n,
dann wird der Apparat gefragt
und ich kann spielen geh'n.

Sagt Mutti: „Räum' dein Zimmer auf",
dann hol' ich auf der Stell',
den Apparat im Dauerlauf,
der macht das gut und schnell!

55

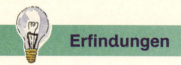
Erfindungen

Bildergeschichten

Eure Lehrerin hat eine Menge solcher Bilder.

1 Seht euch alle genau an und legt vier Bilder so nebeneinander, dass daraus eine Geschichte entsteht.

2 Können die anderen die Geschichte erraten?

3 Gibt es ein gutes oder ein trauriges Ende?

56

Eine neue Sprache

Jonki ist ein Wörterfinder.

Broccoli heißt bei ihm:

Baumgemüse.

Spinat nennt er

Grünmatsch.

Wie heißen sie bei ihm:

_____

_____

_____

57

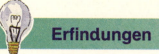
Erfindungen

Das Telefon ist eine tolle Erfindung

Diese Leute telefonieren.

■ Suche in Zeitschriften Gesichter, die diesen ähnlich sind und ordne sie zu.
Du kannst die passenden Gesprächspartner auch selbst malen.

59

FRÜHLING

Auf der Blumenwiese

Zuerst entscheidet sich jeder im Stillen für eine Blume und verrät niemandem seine Wahl.
Dann spazieren alle vorsichtig über eine Blumenwiese.

Schlägt das „Instrumenten-Kind" das Becken, bleiben alle sofort stehen und warten darauf, welcher der drei Blumennamen genannt wird. Ist es dein Blumenname, verblühst du im Zeitlupentempo und sinkst nieder.

Deine Mitschüler sollen dich retten, bevor du den Boden erreicht hast.

Am Ende gibt das „Instrumenten-Kind" das Becken weiter.

Ein musikalischer Spaziergang

Stellt euch vor, wir gehen durch einen regennassen Wald.
Für diesen musikalischen Spaziergang braucht jeder von euch einen Klangbaustein.
Alles was uns auf dem Spaziergang begegnet, können wir auf dem Klangbaustein hörbar machen.
Alle gehen mit langsamen Schritten kreuz und quer durch den Raum.
Begegnen wir einem anderen Kind, begrüßen wir es mit dem Ton unseres Klangbausteins.

Einige Regentropfen funkeln an den Blättern der Bäume.
Sie blinken im Sonnenlicht, manchmal fällt einer zur Erde.

Ein Specht klopft auf einen morschen Ast, erst ist er ganz weit weg, dann ganz nah.

Wir kommen auf eine Wiese mit vielen Schneeglöckchen.
Nur wer gute Ohren hat, kann sie ganz leise klingen hören.

In der Ferne läuten Glocken.

Frühling

Aus Tönen werden Klänge

Langsam läuten die Glocken aus. Alle Kinder, die einen Klangbaustein mit den Buchstaben *C, E* oder *G* haben, beginnen erneut zu läuten und schwingen sich langsam auf ein gemeinsames Tempo ein. Die anderen singen dazu das Glockenlied.

Bim-bam, die Glocke schwingt

Musik und Text: Carl Orff/Gunild Keetman.
© Schott & Co. Ltd., London.

Foto: © Ravensburger Buchverlag 1991.

62

Noch ist der Spaziergang nicht zu Ende. Plötzlich fliegen schillernde Seifenblasen durch die Luft. Solange sie zu sehen sind, werden sie mit zarten Schlägen auf die Klangbausteine hörbar gemacht. Zerplatzen sie („pitsch"), wird dies durch einen Schlag auf den Resonanzkörper dargestellt.

Ihr könnt aus den Tönen auch noch einen zweiten Dreiklang aufbauen: D, F, A. Mit dem ersten Dreiklang, dem C-Dur-Dreiklang vom Glockenlied und diesem d-Moll-Dreiklang könnt ihr das Seifenblasenlied begleiten.

Findet heraus, wo welcher Dreiklang am besten klingt.

Seifenblasen

Als ich Sei-fen-bla-sen blies, ist es mir ge-lun-gen:
Ei-ne, die ich flie-gen ließ, ist mir nicht zer-sprun-gen.

Über viele Gärten ist
sie dahin geflogen,
blank und zart und wunderschön,
wie ein Regenbogen.

Hinter Büschen standen zwei,
wollten sich verhauen.
Sie vergaßen Zank und Streit,
mussten steh'n und schauen.

Über grünes Wiesenland
flog die Seifenblase.
Has' und Reh am Waldesrand
hoben ihre Nase.

Meine Seifenblase, flieg
fröhlich in die Weite!
Flieg zu einer and'ren Stadt,
grüße mir die Leute.

Musik: überliefert, Text: Josef Guggenmos.
© Beltz Verlag, Weinheim.

Begleitung

Frühling

Bilder für die Ohren

Wenn Regentropfen leise
auf die Erde fallen,
könnte das so klingen …

Wie kann es noch klingen?

Zeichne in die Regentropfen hinein
und wähle auch die Farben.

64

Schneeglöckchen klingen

Ein Specht klopft auf einen Ast:

Er ist ganz weit weg, ... dann ganz nah.

Kirchturmglocken läuten

Frühling

Ein übermütiges Bewegungsspiel zur Musik „Pop Goes The Weasel"

Nach der langen grauen Zeit sind Tiere und Menschen viel besser gelaunt, wenn die Sonne die ersten warmen Strahlen schickt.

Dieses Spiel versetzt euch in Frühlingslaune: „Pop goes the weasel" bedeutet so viel wie „Weg ist das Wiesel".

Ihr geht zu dritt zusammen, zwei geben sich die Hände. Der dritte Mitspieler, das „Wiesel", schlüpft in den Mini-Kreis der beiden anderen.

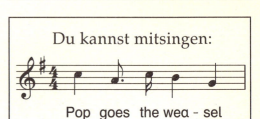

Zu der lebhaften Musik schütteln die beiden das Wiesel mit ihren gefassten Händen hin und her. Treibt's nicht zu bunt mit dem armen Wiesel!

Gegen Ende der Strophe hört ihr ganz deutlich, wie die Musik den Rhythmus von „Weg ist das Wiesel" oder auf englisch „Pop goes the weasel" spielt. An dieser Stelle öffnet sich der Kreis und die beiden schubsen das Wiesel weg.
An dieser Stelle können alle „Pop goes the weasel" mitsingen.

Nun muss sich das Wiesel schnell einen neuen Mini-Kreis suchen und das Spiel kann von vorne beginnen.

Die Blumen tanzen Rock 'n' Roll

1. Die Blumen tanzen Rock 'n' Roll, die Bäume treiben's auch ganz toll. Die Vögel singen laut im Chor, es flüstert uns der Wind in's Ohr. Kein Matsch, kein Eis, kein Schnee – Winter ade!

2. Das Wetter ist so klar und mild,
   die Halme sprießen heut' wie wild.
   Die Knospen platzen auf geschwind.
   Die Blüten wiegen sich im Wind.
   Kein Matsch, kein Eis, kein Schnee –
   Winter ade!

3. Wir laden ein paar Freunde ein,
   dann geht es los im Sonnenschein.
   Mal querfeldein durch Wald und Flur,
   wir machen eine tolle Tour.
   Kein Matsch, kein Eis, kein Schnee –
   Winter ade!

Musik und Text: Wolfgang Spode.
© Fidula, Boppard.

Frühling

Frühlingsblumen in Notenschrift

Wollen wir Namen in Notenschrift festhalten, müssen wir Beispiele finden, die auf der ersten Silbe betont sind, zum Beispiel:

Sprecht diese vier Beispiele laut nach und klatscht den Wortrhythmus dazu. Welche Blumen fallen euch noch ein? Wie sehen die Notenkästchen dazu aus?

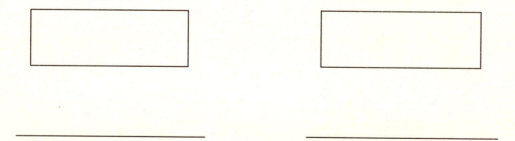

68

Russischer Blumentanz (Rastswetajut)

Auf der „Funkelsteine"-CD ist eine wunderschön-traurige Musik zu hören. Der Text erzählt ein Blumenleben. Die Gesten des Tanzes stellen das Aufblühen und Welken der Blumen dar.

Die Fotos helfen euch beim Tanzen:

BILDER

Der Maler Joan Miró hat dieses Bild gemalt.

Was meinst du dazu?

1. Betrachte das Bild genau.
2. Umfahre die Formen mit dem Finger und beschreibe sie.
3. Suche eine Form heraus, übertrage sie auf ein Malblatt und gestalte damit ein neues Bild.

Personen und Hund in der Sonne

– so heißt dieses Bild

Wie würdest du das Bild malen?
Mit anderen Farben kannst du das Bild verändern.

Bilder

Paloma spielt im Garten

– ein Bild von Pablo Picasso

1 Auf diesem Bild spielt ein Kind. Erzähle!

2 Stell dir vor, du wärst dieses Kind.
Bringe ein ähnliches Spielzeug mit und versuche, wie dieses Kind zu spielen.

3 Das Kind spielt alleine.
Kann man so auch in der Gruppe spielen?

Male ein Bild: **Wir spielen**

 **Bilder**

Das geheimnisvolle Wesen

– ein Bild von Max Ernst

Ebenso wie man malt, kann man auch durch Abreiben oder Abkratzen etwas darstellen. Dieses Bild ist auf eine solche Art entstanden:
Max Ernst hat auf einer Leinwand viele Ölfarben übereinander geschichtet und diese dann mit dem Spachtel wieder abgekratzt.
Du erkennst noch genau die Art des Untergrundes.

So stellt man Abriebe her:

1 Lege ein Stück Papier über Gegenstände mit rauer Oberfläche und reibe mit Wachsmalkreide darüber.
So kann das aussehen:

2 Suche in der Klasse Gegenstände und reibe sie ab.
3 Findest du unter deinen Abrieben auch welche in der Art des Bildes von Max Ernst?
4 Schneide deine Abriebe aus und stelle damit auf einem DIN-A4-Blatt ein Fantasiebild her.
Gib deinem Bild auch einen Namen.

MEIN UND DEIN

**Fantasie und Fantadu –
schließe beide Augen zu.**

Stell dir mal vor, du bist acht Kinder.
Du musst mit ihnen deine Spielsachen teilen und
achtmal zum Frisör gehen,
achtmal die Hände waschen und die Zähne putzen,
aber du darfst auch acht Eiscremes essen
und du hast viele Freunde.

Text und Illustration: Helme Heine.
© Gertraud Middelhauve
Verlag, München.

Alles das ist mein

Alles das ist mein.
Verzeihung, nichts ist dein.
Ach bitte, merke dir,
der Stift gehört nur mir.

Alles das ist mein
und nichts davon ist dein.
Wann merkst du endlich dir,
das Buch gehört nur mir.

Alles das ist mein.
Vergiss den Unsinn, nein!
Das eine sag' ich dir:
Der Freund gehört nur mir.

Alles das ist mein.
Misch du dich da nicht ein.
Was willst du denn noch hier,
das Geld gehört nur mir.

Alles das ist mein.
Darf's davon etwas sein?
Ich geb' euch alles her –

ein Glück, kein Bauchweh mehr!

Werner Beidinger

Das gehört mir.
Nenne Dinge, die dir gehören.
Kann man sie verschenken,
teilen oder ausleihen?
Was würdest du hergeben,
obwohl es dir gehört?
Warum?

Mein und Dein

Kinder sagen:

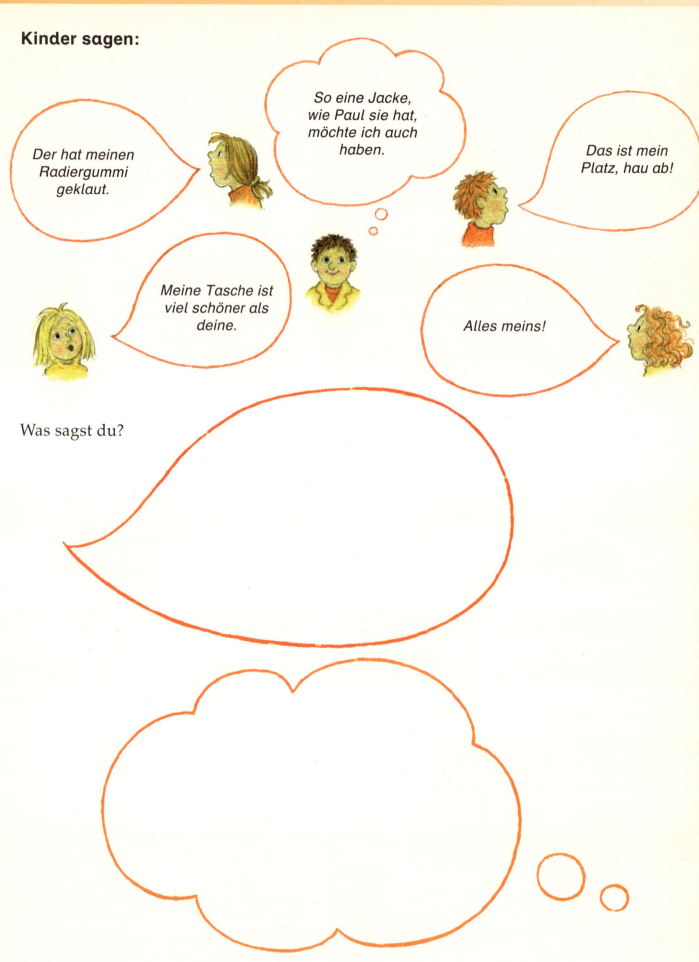

Der hat meinen Radiergummi geklaut.

So eine Jacke, wie Paul sie hat, möchte ich auch haben.

Das ist mein Platz, hau ab!

Meine Tasche ist viel schöner als deine.

Alles meins!

Was sagst du?

Haben, haben, haben

Frei gesprochen

Haben, haben, haben, haben …

Möchtest du ein Bonbon von mir haben?
Möchtest du ein Bonbon von mir haben?
Haben, haben, haben.
Brauchst du nichts zu sagen.
Einfach nicken – kannste haben.

Möchtest du ein' Brief von mir haben?
…

Möchtest du ein' Kuss von mir haben?
Möchtest du ein' Kuss von mir haben?
geflüstert: Haben, haben, haben.
Brauchst du nichts zu sagen.
Einfach nicken – kannste haben.
Schmaaaatz!!!!!

Musik und Text: Robert Metcalf.
© beim Autor.

 **Mein und Dein**

Was ich finde, gehört mir.

Was meinst du dazu?

Silke, 8 Jahre

1 Die Geschichte könnt ihr spielen.
   Wie endet sie?

2 Male ein Bild vom Ende der Geschichte.

HEXEN UND GESPENSTER

Die Hexe Trude Trudis

1. Die naseweise Hexe Trude Trudis kann sich nie merken, wo ihr linker Schuh ist. Will immer alles sehn, kann ohne Schuh nicht gehn: Aus Angst sie tritt in einen Fladen Kuhmist! Holt ihren Besen vor, steigt in die Luft empor. Vielleicht sieht sie von oben, wo ihr Schuh ist?

2. Die naseweise Hexe Trude Trudis
   fliegt immer nachts, weil dann die meiste Ruh ist:
   Sieht Tiere groß und klein, im hellen Mondenschein
   sitzt eine Katz, die grad ihr Mausragout frisst.
   Die naseweise Hexe Trude Trudis
   fliegt immer nachts, weil dann die meiste Ruh ist:
   Sieht Menschen groß und klein. Es könnte sogar sein,
   dass wenn sie heute Abend fliegt, es du bist.

   Musik und Text: Werner Beidinger.
   © beim Autor.

1 Was ist eine Hexe?

2 Welche Hexen kennst du?

81

Hexen und Gespenster

Die Hexe reitet auf ihrem Besen.

Was sieht sie alles unter sich? Male es!

Die Hexe Trude Trudis sucht auch mit der Taschenlampe nach ihrem Schuh.
Mit ein paar Taschenlampen und Instrumenten könnt ihr der Hexe helfen:

Zu jeder Hexe mit Taschenlampe gehört ein Kind mit Instrument.
Die Taschenlampen-Kinder dürfen sich nur bewegen, wenn ihr Instrumenten-Kind spielt.

Hexen und Gespenster

Geistertango

Wir kle-ben heut' um Mit-ter-nacht die Geis-ter mit Ta-pe-ten
fan-gen heut' um Mit-ter-nacht die Geis-ter mit Ta-pe-ten
kleis-ter an ih-ren Fü-ßen an. Wir So schmie-ren
kleis-ter, dass kei-ner flie-hen kann.
wir den Bo-den ein und ei-nen hört man schrei'n. Wir ge-hen im
Tan-go-schritt auf ihn zu und neh-men in al-ler Ruh' sein
Geis-ter-ge-wand vom Kopf. Und er sagt: „Der nächs-te Geist bist du."

Musik und Text: Werner Beidinger.
© beim Autor.

Hexen und Gespenster

Bau dir einen Windgeist

Du brauchst dazu:

- eine Dose aus Blech
- eine feste Schnur
- eine Holzperle
- viele bunte Krepppapierstreifen
- Klebstoff

Verzeichnis der Lieder

Das Pausenlied 6
Ich bin die Uhr 11
Pinguin 21
Hausmeister Stark 24f.
Simama kaa 27
Bin ganz Ohr 28
Der Wettermacher 34
Tausend Regentropfen 38
Die Vogelscheuche 40

Im Kirchturm 44
Der Esel Firlefanz 47
Der Wumm-Apparat 55
Bim-bam, die Glocke schwingt 62
Seifenblasen 63
Haben, haben, haben 79
Die Hexe Trude Trudis 81
Die Windgeister 87

Verzeichnis der gestalterischen Aufgaben

Pausengeschichten 4f.
Im Uhrenladen 12f.
Anders sein 19
Pinguin 20
Ess-Landschaft 31f.
Die Wetterkarte 33
Wettermacher 35
Immer ein anderes Wetter 40f.
Morgenstimmung 43
Peter und der Wolf 48
Mein Lieblingstier 50
Frisuren erfinden 52

Puzzle 53
Das Telefon 58f.
Bilder für die Ohren 64f.
Die Blumen tanzen Rock'n'Roll 67
Personen und Hund in der Sonne (Miró) 71f.
Paloma spielt im Garten (Picasso) 72f.
Abriebe (Max Ernst: Les dieux obscures) 74
Was ich finde, gehört mir 80
Die Hexe Trude Trudis 82
Der Geistertango 84f.
Windgeister 86

Verzeichnis der Bewegungsspiele und Tänze

Phrase Craze 7
Mit der Zeit spielen 14
Simama kaa 27
Mit den Ohren sehen 30
Regenmännchen und Blumenfräulein 36f.
Fuchs und Hase 45
Der Esel Firlefanz 47

Wir spielen Reißverschluss 51
Auf der Blumenwiese 60
Pop Goes The Weasel 66
Russischer Blumentanz 69
Die Hexe Trude Trudis 83
Der Geistertango 84f.
Windgeistermusik 87

Verzeichnis der Texte und Gedichte

Große Pause 8f.
Anders als du 22
Goldene Wetterregeln 39
Die Kokosnuss 51

Ich habe keine Zeit 10
Fantasie und Fantadu 76
Alles das ist mein 77

88

987 654 321